Rocas y fósiles

EDILUPA

© Edilupa ediciones, S.L., 2006

Primera Edición: 2006

ISBN 84-96252-77-9

Título original: Rocks and fossils

Edición original: Kingfisher Publications Plc

Revisión de esta edición: Elena R. Orta (TXT Servicios editoriales)

Traducción, adaptación y diseño de interiores: Alquimia Ediciones, S.A. de C.V.

Agradecimientos

La editorial quisiera agradecer a aquellos que permitieron la reproducción de las imágenes. Se han tomado todos los cuidados para contactar con los propietarios de los derechos de las mismas. Sin embargo, si hubiese habido una omisión o fallo la editorial se disculpa de antemano y se compromete, si es informada, a hacer las correcciones pertinentes en una siguiente edición..

i = inferior; ii = inferior izquierda; id = inferior derecha; c = centro; ci = centro izquierda; cd = centro derecha; s = superior; sd = superior derecha; d = derecha

Páginas: portada Corbis; 1 Corbis; 2–3 Corbis; 4–5 Geoscience Features; 6–7 Corbis; 7id C. & H. S. Pellant; 8–9 Corbis; 9sd G. Brad Lewis/Science Photo Library; 10–11 (cielo) Dynamic Graphic; 10sd C. & H. S. Pellant; 10ii Corbis; 11 Corbis; 12–13 Geoscience Features; 12cl C. & H. S. Pellant; 13cl C. & H. S. Pellant; 14–15 Corbis; 15si C. & H. S. Pellant; 15cd Science Photo Library; 16cl C. & H. S. Pellant; 16–17 Corbis; 17si Geoscience Features; 18–19 Corbis; 19si Frank Lane Picture Library; 19cd Frank Lane Picture Library; 20–21 (cielo) Dynamic Graphic; 20–21 (roca) Science Photo Library; 21sd Corbis; 21id Corbis; 22–23 Corbis; 22si Science Photo Library; 23sd Corbis; 24–25 Science Photo Library; 25si Digital Science; 25id Corbis; 26–27 Corbis; 26ii Corbis; 27l Corbis; 28–29 Corbis; 28ii David M. Dennis/Oxford Scientific Films; 29si Corbis; 30–31 Corbis; 30i Science Photo Library; 31c Corbis; 32–33 Corbis; 32ii Corbis; 33i Corbis; 34–35 Corbis; 34id Ardea; 35si Science Photo Library; 35d Corbis; 36–37 Michael Fogden/Oxford Scientific Films; 37s Science Photo Library; 37cd Geoscience Features; 38–39 Corbis; 39sd Corbis; 39ci Science Photo Library; 40–41 David M. Dennis/Oxford Scientific Films; 40i Science Photo Library; 41cd Science Photo Library; 42–43 Geoscience Features; 42ii Corbis; 43sd Corbis; 45sd Geoscience Features; 46sd Corbis; 48i Corbis.

Fotografías por encargo en páginas 44–45 de Geoff Dann; 46–47 de Andy Crawford. Gracias a los modelos Daniel Newton y Eleanor Davis.

EDILUPA

Rocas y fósiles

Chris Pellant

Contenido

6 ¿Qué es una roca?

La corteza terrestre está hecha de rocas. Unas son duras y sólidas, como el granito. Otras son suaves, como la arena. Todas provienen de minerales.

Panorama escarpado

En las montañas de Sierra Nevada, EEUU, el clima ha deteriorado la cima de un monte de granito reduciéndola a peñas redondeadas.

corteza – capa externa de la Tierra, parte de la cual es submarina

Granos de granito

El granito consta de varios minerales de colores. El mineral de color rosa se llama feldespato; el gris, cuarzo, y el negro, mica.

minerales – *sustancias naturales de la superficie terrestre que forman rocas*

8 Rocas de fuego

Cuando un volcán hace erupción, lanza lava al rojo vivo que corre cuesta abajo como candentes ríos de fuego. La lava se enfría y endurece poco a poco y se vuelve roca volcánica o ígnea, es decir, que viene del fuego.

lava – roca fundida en la superficie de la tierra

Subterráneas

Las rocas volcánicas
también se forman
bajo tierra cuando la
lava o magma se
enfría fuera.

Lava enfriada

La lava tarda mucho en
enfriarse. Primero se forma
una costra gruesa encima,
y poco a poco se hace
roca sólida.

magma – *roca fundida subterránea*

Ásperas y suaves

Cuando la roca se enfría, a partir de los minerales se forman cristales. Los grandes cristales surgen cuando el enfriamiento es lento; los pequeños, si es rápido.

Cristales medianos

Esta roca de micro-granito tiene cristales más pequeños que el granito porque el enfriamiento fue más rápido.

Columnas de lava

El basalto consta de cristales finos y tiene una superficie suave. Forma columnas exagonales.

cristales – objetos duros, parecidos al vidrio, hechos de minerales

Grietas para escalar

El granito forma
cristales grandes. Al
enfriarse el magma
de granito se
hacen grietas
en las que
se sujetan
los escala-
dores.

columnas – *pilares altos y estrechos*

Rocas secundarias

La arena, el fango y las piedras de un río o lago, o en el lecho marino, se convierten en rocas sedimentarias. Se diferencian del resto de las rocas porque tienen capas o estratos.

Roca de crustáceos

Las calizas suelen componerse de conchas delgadas. Aquí puedes ver un caracol en una roca.

lecho marino – el fondo del mar

Acantilado

Peñascos arenosos

Estos acantilados, en Inglaterra, se formaron con capas de arena comprimida hace millones de años en el lecho marino.

comprimido – *presionado fuertemente*

Capa tras capa

Hay tres tipos de rocas sedimentarias. Uno es de restos de animales marinos. Otro está hecho de fango, arena o piedras. El tercero se forma cuando el agua se evapora.

Criaturitas

Cierta caliza se forma con restos de criaturas marinas. Al aire libre se erosiona con facilidad, formando paisajes como éste.

evaporación – *cuando el agua se vuelve gas, al secarse*

Yeso

El agua de mar tiene minerales que, al evaporarse, se quedan y forman rocas como este yeso.

De arena

La arenisca es una roca muy común. Suele formar capas muy coloridas, como las que ves en esta imagen.

erosionado – *modificado o destruido por el clima*

Rocas que cambian

Los cristales de las rocas se agrandan cuando se calientan bajo tierra. La caliza, roca sedimentaria, sufre un cambio metamórfico para convertirse en mármol, y sus capas desaparecen a medida que cobra su nueva forma.

Capas fósiles

La caliza es una roca que se formó en el mar y contiene fósiles. Estos fósiles desaparecen cuando la roca se vuelve mármol.

fósil – *toda prueba de vida en el pasado*

Suave mármol

El mármol tiene millones de cristales pálidos, producto de un mineral llamado calcita, y están fuertemente unidos.

Roca monumental

El mármol se corta de varias y diferentes formas, y se labra para adornos, esculturas y mausoleos.

metamórfico – *un cambio en la forma, usualmente por calor o presión*

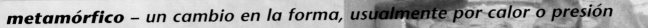

18 Bajo presión

Conforme la corteza terrestre se mueve, las rocas profundas se tuercen y aplastan, modificando su forma.

Gneis retorcidos
La roca gneis tiene bandas retorcidas de minerales negros y blancos. Era granito, y se forma por la presión.

presión – peso que oprime algo

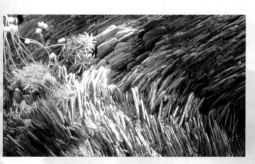

Briznas de pizarra

La pizarra se forma si la presión subterránea no es muy grande. Se fragmenta en delgadas láminas que se pueden usar como tejas.

Esquisto plateado

El esquisto se forma en áreas montañosas bajo presión media. Su superficie plateada está cubierta por mica.

montañoso – *área donde hay montañas*

Erosión natural

Las rocas no son eternas. En las costas, el mar las erosiona. En lo alto de las montañas, los glaciares pulverizan las rocas. Los ríos esculpen valles en la superficie.

Labrado por la arena

Este arco es lo que queda de un gran risco. La arena llevada por el viento que sopla día y noche lo erosiona sin remedio.

glaciares – grandes masas de hielo que se mueven lentamente

Tajos profundos

Rocas, arena y piedras van río abajo chocando contra las riberas y forman hondos barrancos en la superficie.

La fuerza de las olas

Las olas lanzan rocas y piedras contra los riscos, fracturando el litoral.

barrancos – *valles profundos y escarpados, labrados por un río*

Lluvia, raíces y hielo

Raíces expansivas

Las plantas crecen en las grietas de las rocas. Al crecer sus raíces, amplían las grietas cada vez más.

El clima afecta a las roc Se contraen con el frío y se expanden con el calor. La lluvia se queda en las grietas. Al congelarse, el hielo expande las grietas y la roca se hace añicos.

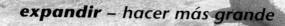

expandir – *hacer más grande*

Espolones

La cresta de esta montaña muestra cómo el hielo rompe las rocas formando puntos dentados.

Desgaste

Esta roca tiene una forma rara porque la lluvia la ha desgastado tras muchos años.

Rocas del espacio

En el espacio hay muchas rocas, de diferentes formas y tamaños. Se las llama meteoritos y son las rocas que quedaron al formarse los planetas. A veces, los meteoritos chocan contra la Tierra.

Cráter de un impacto

Este enorme cráter en Arizona se formó cuando un gigantesco meteorito golpeó la Tierra. Mide casi un kilómetro de diámetro —más que 14 aviones *jumbo* en fila.

cráter – hoyo en el suelo, hecho por un meteorito o una explosión volcánica

Roca explosiva

Cuando un gran meteorito golpea el suelo, estalla. El calor de la explosión funde las rocas de alrededor y forma piedras vidriadas o tectitas.

Metal caliente

La mayoría de los meteoritos son de metal, como éste. Al entrar en fricción con el aire se calientan en extremo y pueden verse como estelas de luz.

estallar – *hacer explosión con estruendo*

Usos de las rocas

Las rocas y los minerales tienen miles de usos. Sin ellos no habría ladrillos, cemento, vidrio ni carbón. Gran parte de la industria se basa en el uso de los minerales.

Algo arcilloso

La arcilla es un mineral important Se usa tanto en alfarería como par fabricar cemento e incluso cosméticos

cemento – *mezcla de arcilla y caliza para construir*

Piedra angelical

El mármol blanco es la roca favorita para esculpir ornamentos, como este ángel.

De piedra

Muchas de las más bellas construcciones son de piedra. Las rocas sedimentarias se pueden cortar, y a cualquier roca se le pueden dar formas delicadas.

¿Qué es un fósil?

Todo vestigio de planta o animal del pasado es un fósil, así como una concha conservada en capas de roca durante millones de años y las impresiones de helechos delicados, o las enormes huellas de los dinosaurios.

Trilobite
Esta criatura vivió en el mar hace cientos de millones de años. Sus actuales parientes son insectos, cangrejos y arañas.

conservar – *mantener en buen estado durante mucho tiempo*

Huesos grandes

Estos huesos de dinosaurio se descubrieron en el Dinosaur National Monument de Colorado, EEUU.

Descubriendo el pasado

Un paleontólogo trabaja con mucho cuidado para exponer parte de un esqueleto de dinosaurio en el Dinosaur National Monument.

paleontólogo – *persona que estudia los fósiles*

Formación de fósiles

Las criaturas y las plantas
muertas se pudieron haber
sepultado en arena o lodo. Así
empieza la fosilización. Las
partes blandas se pierden,
pero las duras –conchas o
huesos– se fosilizan.

Pegada para siempre

Esta hormiga quedó presa
de la resina rezumada por
un árbol. Cuando muera
es posible que se
convierta en fósil.

Mosca fosilizada

Hace millones de años, esta mosca quedó atrapada en resina que se convirtió en ámbar, fosilizándola.

Amonites

Los amonites nadaban en el mar cuando los dinosaurios habitaban la tierra. Son parientes de pulpos y calamares.

amonite

resina – *sustancia pegajosa que rezuma de algunos árboles*

Antiguos seres marinos

Los fósiles de criaturas marinas yacen bajo el constante apilamiento de capas de lodo y arena en el lecho marino. Trilobites, corales, moluscos y estrellas de mar son fósiles comunes de mares antiguos.

Fósiles tropicales

Los corales hacen sus casas sobre las calizas de los mares tropicales. Los corales fósiles indican a los geólogos dónde hubo tales mares.

moluscos – *animales de cuerpo blando, como las almejas*

pez fosilizado

Pétrea estrella de mar

Hasta animales delicados, como la estrella de mar, pueden fosilizarse. Ésta se quedó grabada en pizarra —roca sedimentaria formada en el lecho marino por lodo compacto.

34 Los dinosaurios

Nadie ha visto dinosaurios, porque se extinguieron hace millones de años. Todo lo que sabemos de ellos es por los fósiles que se han hallado de sus huesos, huellas y huevos.

huella fósil de dinosaurio

Sepultado en roca

Este fósil de estegosaurio se encontró sepultado en Wyoming, EEUU. Puedes ver claramente la forma del dinosaurio.

extinguidos – *desaparecidos (se aplica a animales o plantas)*

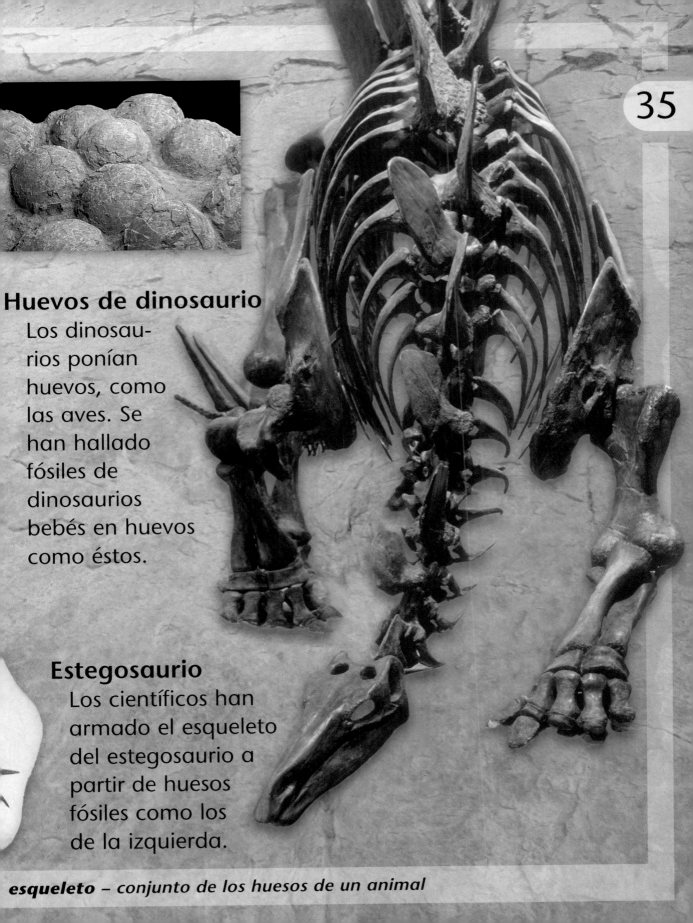

Huevos de dinosaurio

Los dinosau-
rios ponían
huevos, como
las aves. Se
han hallado
fósiles de
dinosaurios
bebés en huevos
como éstos.

Estegosaurio

Los científicos han
armado el esqueleto
del estegosaurio a
partir de huesos
fósiles como los
de la izquierda.

esqueleto – *conjunto de los huesos de un animal*

36 Plantas **fósiles**

Son comunes los fósiles de tallos y troncos de árboles, en especial en rocas que tienen vetas de carbón. Entre las vetas se hallan incluso fósiles de delicados helechos.

Árboles de piedra

A estos árboles los transformó la fosilización –ahora son de un mineral llamado sílice, en vez de madera.

vetas – *capas delgadas de una sustancia, como el carbón*

Del antiguo...

Las delicadas y hermosas hojas del helecho se fosilizaron como delgadas capas de carbón entre capas de roca.

...al moderno

Un helecho moderno es exactamente igual a los fósiles de hace millones de años.

carbón – *materia negra, sólida, que arde fácilmente*

Combustibles fósiles

Las plantas de energía y los vehículos dependen del carbón, el gas y el petróleo hechos con fósiles.

Mina de carbón

Extraer el carbón es una ardua tarea. Este minero rompe el carbón en piezas con un taladro para poderlo transportar.

combustibles – sustancias para producir calor por combustión

Para conducir

Del petróleo, un combustible fósil, se obtienen productos como la gasolina y el diesel.

Combustible dañino

El carbón es una roca brillante. Durante mucho tiempo se usó como combustible hasta que se descubrió que al arder despide humos muy contaminantes y dejó de usarse.

contaminación – químicos, gases y otros materiales que dañan el medio

La clave de los fósiles

Los fósiles nos hablan de la vida de hace millones de años. Los científicos pueden reconstruir los cuerpos de criaturas extinguidas y estudiar cómo evolucionaron.

Un superviviente

El celacanto se conocía sólo como fósil. Pero en 1938 se capturaron celacantos vivos en la costa de Sudáfrica.

reconstruir – *rearmar y mostrar cómo era algo*

Huellas históricas

Estas huellas hechas en lodo hace unos tres millones de años, muestran que nuestros antepasados ya andaban erguidos.

arqueóptero

Arqueóptero

Éste es uno de los fósiles más famosos. El esqueleto semeja un dinosaurio pequeño, pero hay impresiones de plumas. Se cree que las aves actuales descienden de los dinosaurios.

evolucionado – *que ha cambiado gradualmente con el tiempo*

Descubriendo fósiles

Los fósiles se pueden descubrir cerca de acantilados o canteras, o en otras áreas de rocas sedimentarias. Pero pueden ser lugares peligrosos, y nunca debes visitarlos solo.

Escalador
Los paleontólogos van a muy diversos lugares a buscar fósiles y puede ser un trabajo muy peligroso. Este cazador de fósiles los desentierra en una pendiente.

canteras – lugares donde se corta roca, por lo general para construcció

Playa de tesoros

Los fósiles pueden caer desde los acantilados a las playas. Ten mucho cuidado y estate alerta a la caída de rocas.

¡Precaución!

Cuando la roca es una cantera, los fósiles suelen estar desenterrados. Nunca vayas a las canteras –puede ser muy peligroso.

44 Juega con fósiles

Materiales
- 5 bolas de plastilina de color
- Conchas

Extiende una capa de plastilina. Esparce caracoles en la primera capa. Éstos serán tus fósiles.

Presiona el conjunto por los lados para hacer un arco. Esto sucede cuando se fuerzan las rocas entre sí.

Formación de montañas
Las capas de roca se pueden apretujar y forzar para formar montañas. Así, los fósiles de las capas salen a la superficie.

Agrega dos capas más de plastilina y conchas. Luego pon dos capas más de plastilina encima, pero sin conchas.

Pídele a un adulto que lo corte por arriba. Las primeras capas quedan ahora en medio. Son las capas y los fósiles más antiguos.

Amonites asombrosos

Haz tus propios fósiles con arcilla y plastilina. Utiliza un fósil real o una concha para hacer un molde.

Materiales

- Arcilla
- Fósil o concha
- Plastilina
- Vaso y cuchara
- Pintura
- Brocha

Amasa un poco de plastilina. Presiona tu fósil o concha, con la figura hacia abajo, en la plastilina para hacer el molde.

Mezcla un poco de arcilla con agua en un vaso y aplícala con cuidado en el molde. Espera a que se seque.

Cuando tu fósil se haya secado, retíralo cuidadosamente del molde. Puedes usar el molde para hacer más fósiles.

Tu fósil está listo para que lo pintes a tu gusto Copia los colores de la concha o del fósil, o aplícale colores brillantes.

46 Rocas a tu alrededor

Colección de rocas

Cuando empieces a coleccionar rocas, etiquétalas y anota dónde las encontraste para organizar tu colección.

Un cartón de huevos es un sitio ideal para tu colección. Usa una caja decorada de manera diferente para cada tipo de roca.

Materiales

- Cartón de huevos
- Pintura
- Pinceles
- Recipiente para agua
- Lupa
- Etiquetas de pegatina
- Libreta de notas
- Pluma

Examina tu roca con una lupa. De esta forma puedes apreciar los diversos minerales coloreados que forman la roca.

Numera todas tus rocas, a partir de la número 1. Escribe el número de la roca en una etiqueta y pégala a la roca.

En tu libreta, escribe el número de la roca, cuándo y dónde la encontraste y de qué tipo es. Si no lo sabes, deja el espacio en blanco para llenarlo después.

Finalmente, cuando se haya secado tu cartón, pon la roca dentro y asegúrate de que se vea la etiqueta. ¡Felicidades! Has empezado tu colección de rocas.

¿Cómo se han usado?

Las rocas han tenido varios usos. Mira a tu alrededor, dentro y fuera de casa, y dibuja las rocas que veas.

Materiales
- Libreta de notas
- Pluma

Puedes ver rocas como parte de una pared, el pavimento o edificios. ¿Cuántos usos puedes encontrar para las rocas?

Índice